Les chats, c'est comme les papiers,
ça se froisse très vite.

René de Obaldia

Loi N° 49 956 du 16 juillet 1949,
sur les publications destinées à la jeunesse:
septembre 1991
Dépôt légal: septembre 1991

Mise en pages: *Architexte*, Bruxelles
Imprimé en Italie

SELÇUK REGARDS de CHATS

Textes choisis par Paul Beyle

PASTEL
l'école des loisirs

LA POTICHE

Depuis que j'ai brisé d'un coude maladroit
Mon beau vase de Chine au galbe inimitable,
Mon chat (il ose tout!) s'est arrogé le droit
De me le remplacer sur le bout de ma table.

Et vraiment cette laque aux bizarres couleurs
De son poil bigarré ne valait pas les taches,
Et tous les mandarins de l'Empire des Fleurs
Ne me montreraient pas de pareilles moustaches!

Chargeant d'un poids discret le bureau studieux,
Sur sa base le chat, plus solide que l'urne,
A l'exquise beauté d'un meuble précieux,
De plus il est vivant, ce magot taciturne:

Il m'observe! et, s'il feint de dormir un moment
D'un crayon je l'agace afin qu'il se réveille;
Son regard tombe alors sur moi sévèrement,
Et je travaille mieux, sachant qu'il me surveille.

Alfred Ruffin

Le chat est nécessaire à un intérieur.
Il le complète. C'est lui qui polit
les meubles, en arrondit les angles (...)
Il est bien le dernier bibelot,
le couronnement suprême.

Stéphane Mallarmé

L'idéal du calme est dans un chat assis.

Jules Renard

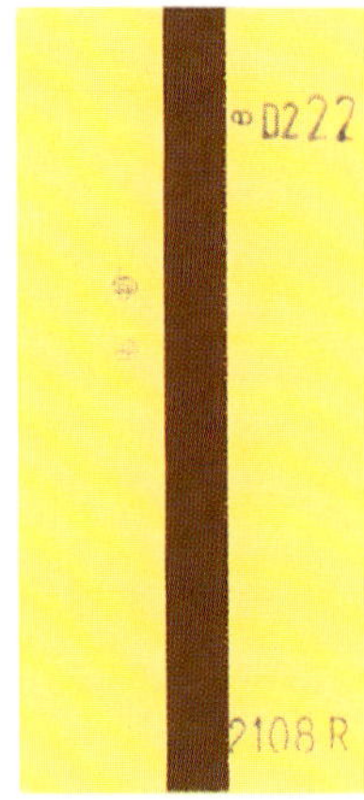

LES ESCLAVES

Au commencement, Dieu créa le chat à son image. Et, bien entendu, il trouva que c'était bien. Et c'était bien, d'ailleurs. Mais le chat était paresseux. Il ne voulait rien faire. Alors, plus tard, après quelques millénaires, Dieu créa l'homme. Uniquement dans le but de servir le chat, de lui servir d'esclave jusqu'à la fin des temps. Au chat, il avait donné l'indolence et la lucidité; à l'homme, il donna la névrose, le don du bricolage et la passion du travail. L'homme s'en donna à cœur joie.

Au cours des siècles, il édifia toute une civilisation basée sur l'invention, la production et la consommation intensive. Civilisation qui n'avait en réalité qu'un seul but secret: offrir au chat le confort, le gîte et le couvert. C'est dire que l'homme inventa des millions d'objets inutiles, généralement absurdes, tout cela pour produire parallèlement les quelques objets indispensables au bien-être du chat: le radiateur, le coussin, le bol, le plat de sciure, le pêcheur breton, le tapis, la moquette, le panier d'osier, et peut-être aussi la radio puisque les chats aiment bien la musique.

Mais, de tout cela, les hommes ne savent rien. A leurs souhaits. Bénis soient-ils. Et ils croient l'être. Tout est pour le mieux dans le meilleur des mondes des chats.

Jacques Sternberg

Les chats farceurs existent.

Louis Nucéra

Chat sauvage
chat sauvage qui vaut sage
chat sage ou sage sauvage.

Robert Desnos

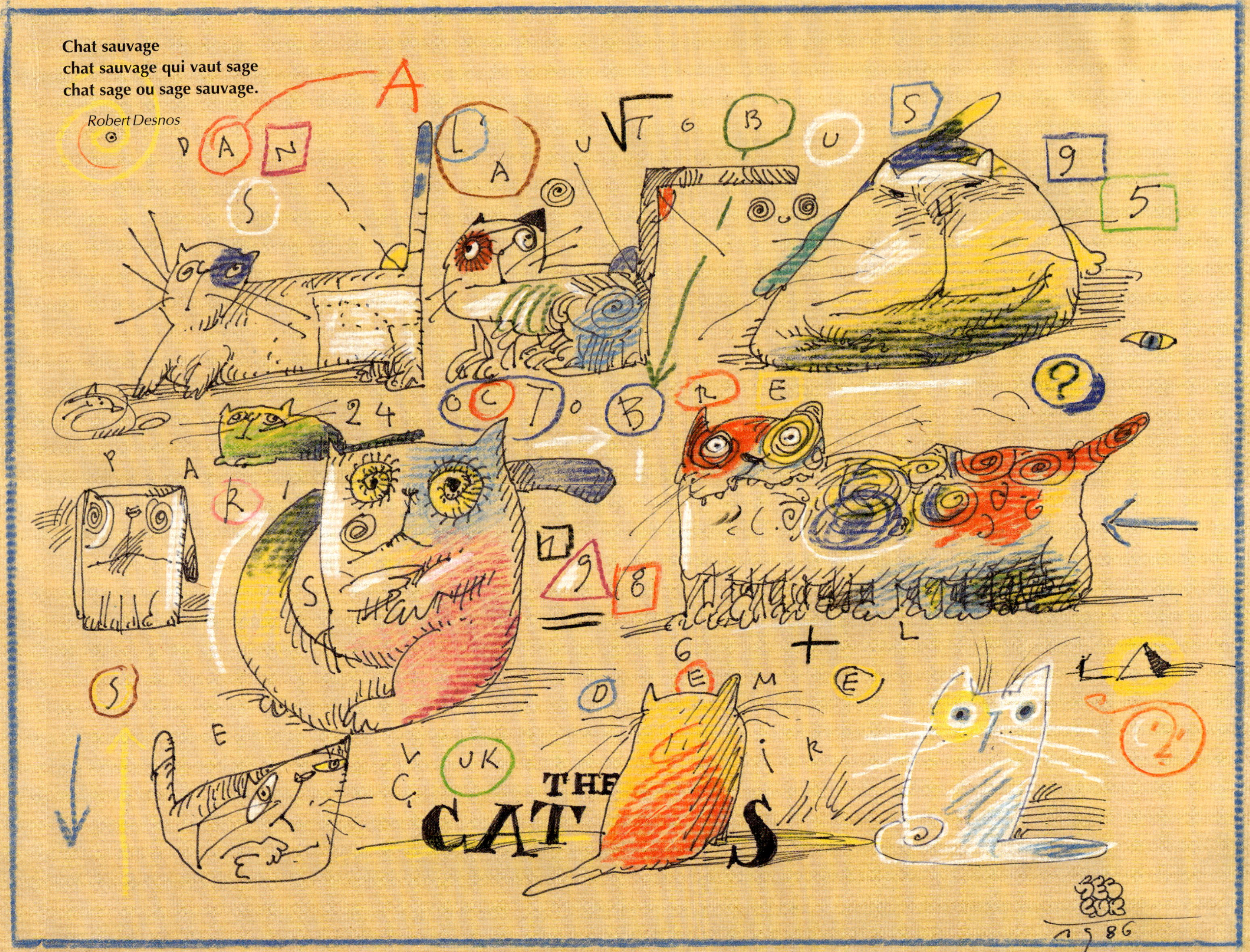

LE CHAT ET LE MIROIR

Sur une table de toilette
Ce chat aperçut un miroir;
Il y saute, regarde, et d'abord pense voir
Un de ses frères qui le guette.
Notre chat veut le joindre, il se trouve arrêté.
Surpris, il juge alors la glace transparente,
Et passe de l'autre côté.
Ne trouve rien, revient, et le chat se présente.
Il réfléchit un peu: de peur que l'animal,
Tandis qu'il fait le tour, ne sorte,
Sur le haut du miroir il se met à cheval,
Une patte par ci, l'autre par là; de sorte
Qu'il puisse partout le saisir.
Alors, croyant bien le tenir,
Doucement vers la glace il incline la tête,
Aperçoit une oreille, et puis deux... A l'instant,
A droite, à gauche, il va jetant
Sa griffe qu'il tient toute prête:
Mais il perd l'équilibre, il tombe et n'a rien pris.
Alors sans davantage attendre,
Sans chercher plus longtemps
Ce qu'il ne peut comprendre,
Il laisse le miroir et retourne aux souris.
"Que m'importe", dit-il, "de percer ce mystère:
Une chose que notre esprit,
Après un long travail, n'entend ni ne saisit,
Ne nous est jamais nécessaire."

Florian

Quand il se voit dans une glace,
est-ce que le chat sait que c'est lui?

Marcel Jouhandeau

ODE AU CHAT

L'homme voudrait être poisson et oiseau,
le serpent voudrait avoir des ailes,
le chien est un lion désorienté,
l'ingénieur veut être poète,
la mouche étudie pour devenir hirondelle,
le poète essaie d'imiter la mouche,
mais le chat
ne veut être que chat
et chaque chat est chat
de la moustache à la queue,
du pressentiment au rat vivant...
Ses yeux jaunes
n'ont laissé qu'une fente
pour y jeter la monnaie de la nuit.

Pablo Neruda

"*Le Chat. Le mien ne mange pas de souris; il n'aime pas ça. Il n'en attaque une que pour jouer avec.*
Quand il a bien joué, il lui fait grâce de la vie, et il va rêver ailleurs, l'innocent, assis dans la boucle de sa queue. La tête bien fermée comme un poing.
Mais à cause de ses griffes, la souris est morte."

Jules Renard

Si je préfère les chats aux chiens,
c'est qu'il n'y a pas de chats policiers.

Siné

Chat-enfer, chat-Hitler, chat-humain,
trop humain, chat,
chat corrompu, ignoble,
marqué du péché originel,
chat qu'un esprit décadent a créé,
hypocrite aux yeux limpides et innocents...

Dorothy Sayers

Jeux de chats, larmes de souris.

Proverbe

CHANSON DU CHAT

Chat, chat, chat,
Chat noir, chat blanc, chat gris,
Charmant chat couché,
Chat, chat, chat,
N'entends-tu pas les souris
Danser à trois des entrechats
Sur le plancher?

Le bourgeois ronfle dans son lit,
De son bonnet de coton coiffé,
Et la lune regarde à la vitre.
Dansez souris, dansez jolies,
Dansez vite
En remuant vos fines queues de fées.

Dansez sans musique tout à votre aise,
A pas menus et drus,
Au clair de lune qui vient de se lever,
Courez; les sergents de ville dans la rue
Font les cent pas sur le pavé,
Et tous les chats du vieux Paris
Dorment sur leurs chaises,
Chats blancs, chats noirs ou chats gris.

Tristan Klingsor

**Il faudrait avoir la profondeur
du regard des chats
pour parler d'eux sans les trahir.**

Muriel Jack

Dans l'obscurité, je ne vois que les yeux du chat. Ils sont immobiles et ils me regardent. Je les regarde aussi sans bouger.
Tout à coup, dans l'un de ses yeux, j'ai vu écrit "Panique", et, dans l'autre, "Sérénité". Mais bien vite le chat ferme les yeux et je ne vois plus que l'obscurité.

Fernando Arrabal

COMMENT APPELER SON CHAT

C'est un art délicat, que d'appeler son Chat:
Le baptiser n'est pas un simple passe-temps.
Je ne travaille pas du chapeau, croyez-moi,
Si je vous dis qu'un chat a TROIS NOMS DIFFÉRENTS.
Un chat a, tout d'abord, son nom de tous les jours,
Comme Pierre ou Jean-Paul, Aglaë, Pompadour,
Comme Sylvain ou Luc, Chat-Fourré, Cyprien,
Noms raisonnables pour le train-train quotidien.
Fantaisistes, charmants, d'autres noms sont plus doux,
Les uns sont pour les chats, les autres pour les chattes, . . .

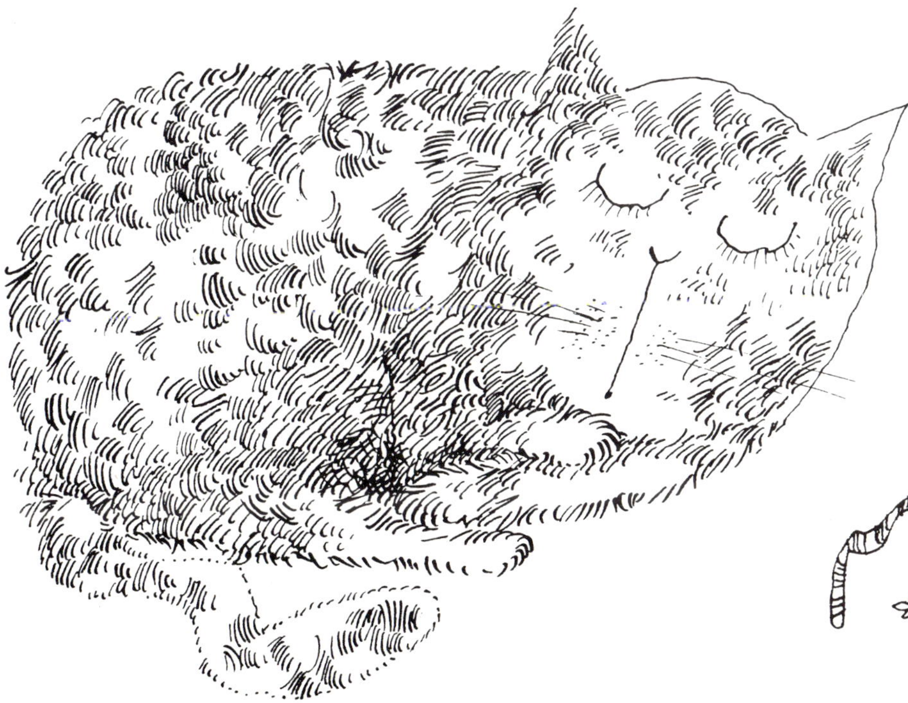

...

Comme Platon, Electre, Andromaque ou Carpates,
Des noms sérieux pour chats bien de chez nous.
Mais un chat a besoin, il faut que ça se sache,
D'un vrai nom personnel, un nom plus majestueux.
Sans ce nom, il ne peut pas redresser sa queue,
Affirmer sa fierté, hérisser ses moustaches.
Des noms de cette sorte, en veux-tu, en voilà,
Comme Méta-Méthyl, Ouitchi, Kalikola,
Comme Psychologie, Presbytère-Pacha...
Si propres sont ces noms qu'ils sont à un seul chat.
Mais par-dessus tout ça, il reste encore un nom.
C'est le nom que jamais nul ne peut deviner,
C'est le nom dont jamais nul ne saura le nom.
Le chat, qui le connaît, ne veut le révéler.
Quand vous voyez un chat, silencieux, méditer,
La cause, sachez-le, est sa quête insondable:
Il a l'esprit perdu dans la contemplation
De la pensée de la pensée de la pensée
De son nom,
Son nom ineffable, affablement ineffable,
Indicible, profond - et singulier -, son Nom.

Thomas Stearns Eliot

Le chat dans la pénombre
A la tombée du jour
Abandonnait sa faim,
Rentrait dans son mensonge
Et devenait immense.

Eugène Guillevic

LE CHAT

Pour ne poser qu'un doigt dessus
Le chat est bien trop grosse bête.
Sa queue rejoint sa tête,
Il tourne dans ce cercle
Et se répond à la caresse.

Mais la nuit, l'homme voit ses yeux
Dont la pâleur est le seul don.
Ils sont trop gros pour qu'il les cache
Et trop lourds pour le vent perdu du rêve.

Quand le chat danse
C'est pour isoler sa prison
Et quand il pense
C'est jusqu'au mur de ses yeux.

Paul Eluard

Je me tourne, ô beau chat, vers tes prunelles sacrées,
et il me semble que j'ai devant moi deux étoiles.

Le Tasse

LE LABYRINTHE

*Aide la souris à trouver
son chemin jusqu'au fromage,
sans qu'elle ne rencontre
un seul des chats qui la guettent.*

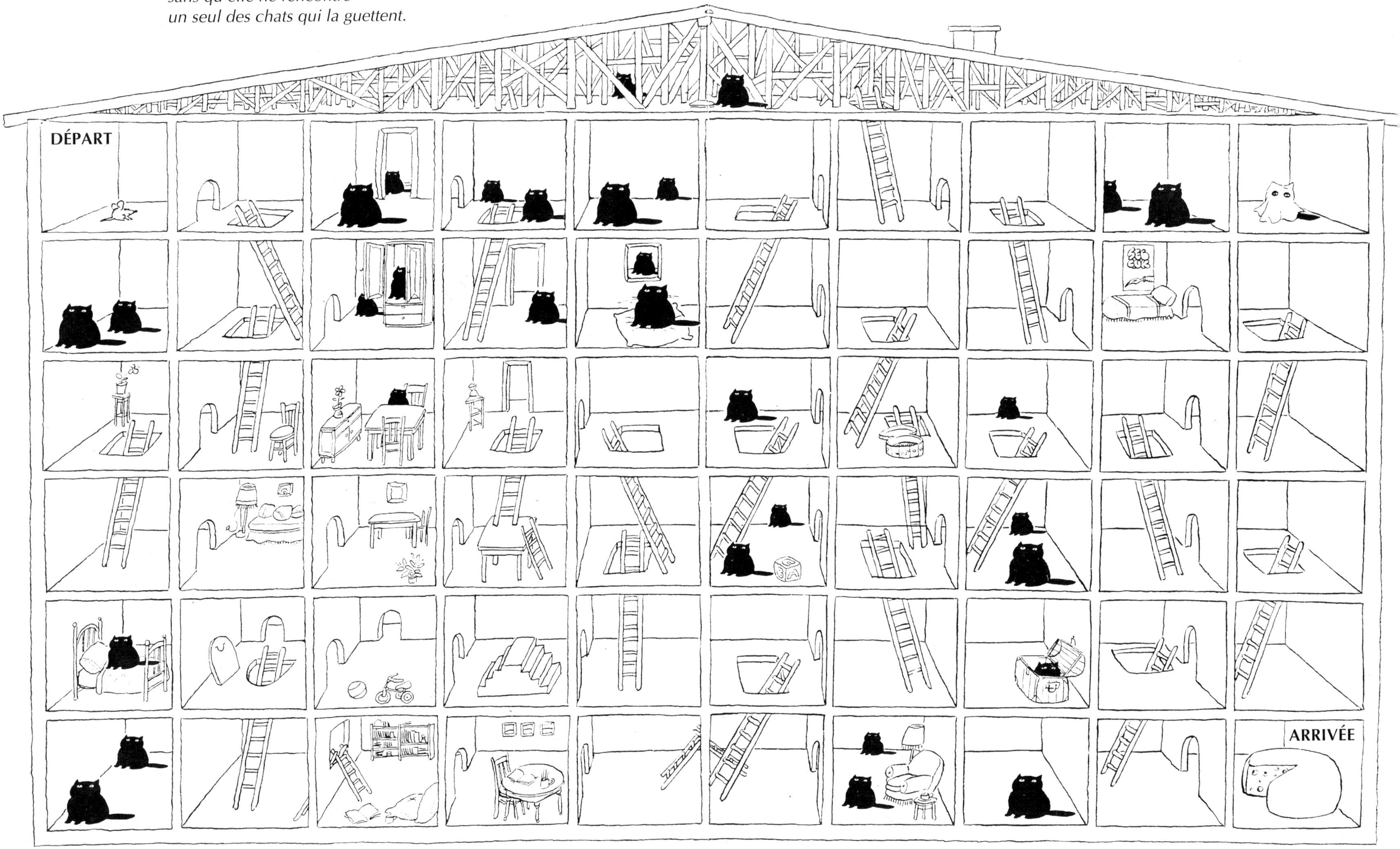

LES CHATS

On s'était si souvent demandé, et depuis longtemps à quoi les chats pouvaient bien penser. Tapis au plus profond de leur solitude, enroulés autour de leur chaleur, comme rejetés dans une autre dimension, distants, méprisants, ils avaient l'air de penser, certes.
Mais à quoi?
Les hommes ne l'apprirent qu'assez tard.
Au XXI ème siècle seulement. Au début de ce siècle, en effet, on constata avec quelque étonnement que plus aucun chat ne miaulait. Les chats s'étaient tus. On n'en fit pas un drame. En fin de compte. Les chats n'avaient jamais été tellement bavards: sans doute n'avaient-ils vraiment plus rien à dire à présent.
Puis, plus tard, on releva un autre fait. Plus singulier celui-là, beaucoup plus singulier: les chats ne mouraient plus. Quelques-uns mouraient évidemment par accident, écrasés par un véhicule, le plus souvent; ou emportés en bas âge par quelque maladie particulièrement pernicieuse. Mais les autres évitaient la mort, lui échappaient, comme si cette fatale échéance n'avait plus existé pour eux. Cette énigne, personne ne la perça jamais. Leur secret était simple, pourtant.

• • •

. . .

Les chats, depuis qu'ils étaient sur terre, n'étaient jamais sortis de leur indolence native pour accomplir comme les hommes, mille petits tours savants. Ils n'avaient jamais rien construit, pas même leur niche. Ils avaient toujours laissé les hommes s'occuper de leur sort, leur procurer la nourriture, le confort et la chaleur artificielle. Eux, libérés de tout, avaient toujours vécu dans une sorte d'hibernation idéale, bien dosée, parfaitement mise au point, ne songeant qu'à mieux se concentrer, douillettement lovés dans leur bien-être. Les chats avaient eu beaucoup de temps pour penser. Ils avaient beaucoup pensé.
Mais alors que les hommes pensaient à tort et à travers, au superflu de préférence, les chats, eux, n'avaient pensé qu'à l'essentiel, sans cesse, sans se laisser distraire. Ils n'avaient médité, inlassablement, au cours des siècles, qu'un seul problème. Et, à force d'y penser, ils l'avaient résolu.

Jacques Sternberg

On lui dit:
"Prends les souris et laisse les oiseaux!"
C'est bien subtil,
et le chat le plus fin quelquefois se trompe.

Jules Renard

LE CHAT ET L'OISEAU

Un village écoute désolé
Le chant d'un oiseau blessé
C'est le seul oiseau du village
Et c'est le seul chat du village
Qui l'a à moitié dévoré
Et l'oiseau cesse de chanter
Le chat cesse de ronronner
Et de se lécher le museau
Et le village fait à l'oiseau
De merveilleuses funérailles
Et le chat qui est invité
Marche derrière le petit cercueil de paille
Où l'oiseau mort est allongé
Porté par une petite fille
Qui n'arrête pas de pleurer
Si j'avais su que cela te fasse tant de peine
Lui dit le chat
Je l'aurais mangé tout entier
Et puis je t'aurais raconté
Que je l'avais vu s'envoler
S'envoler jusqu'au bout du monde
Là-bas où c'est tellement loin
Que jamais on n'en revient
Tu aurais eu moins de chagrin
Simplement de la tristesse et des regrets

Il ne faut jamais faire les choses à moitié.

Jacques Prévert

Le chat regarde,
Ébloui par son regard.

Eugène Guillevic

Le chat ouvrit les yeux,
Le soleil y entra.
Le chat ferma les yeux,
Le soleil y resta.

Voilà pourquoi le soir,
Quand le chat se réveille,
J'aperçois dans le noir
Deux morceaux de soleil.

Maurice Carême

Échappé
Au naufrage cosmique,
Le chat
Fait sa toilette.

Eugène Guillevic

SEO
GUK
1985

ERNESSE

C'est mézigue, Ernesse, le greffier du bistrot. La pompe à bière, é m'sert de piédestal artistique, et je peux dire que là-haut j'en jette un jus. Visez mes bacchantes, visez mes grandes feuilles! La greffière de l'épiceman, quand é m'voit, c'est tout juste si elle tombe pas en dig-dig, comme la celle de la concierge. Toutes pour Ernesse! C'est le quartier qui veut ça. Les gosses n'osent pas me tirer la queue. "Ah, qu'ils disent, il en riboule, des calots, Ernesse! Sans char, i'nous fout les foies!"
Primo, c'est vrai que j'ai des beaux châsses. Aussi je les ouvre, et je cligne pas. Entre nous, si je clignais de l'œil, j'ai peur que la tache que j'ai sur le blair é m'fasse loucher…

Colette

Il est comme ça
Parce qu'il est
Un chat
Tout à fait chat.

Eugène Guillevic

Il s'émerveillait de voir que les chats avaient la peau percée de deux trous précisément à la place des yeux.

Georg Christoph Lichtenberg

Le chat ne sait rien
De ce qu'il y a
Dans les dictionnaires.

Sait quelque chose
De ce qui leur manque.

Eugène Guillevic

J'ai étudié beaucoup de philosophes et de chats.
La sagesse du chat est infiniment supérieure.

Hippolyte Taine

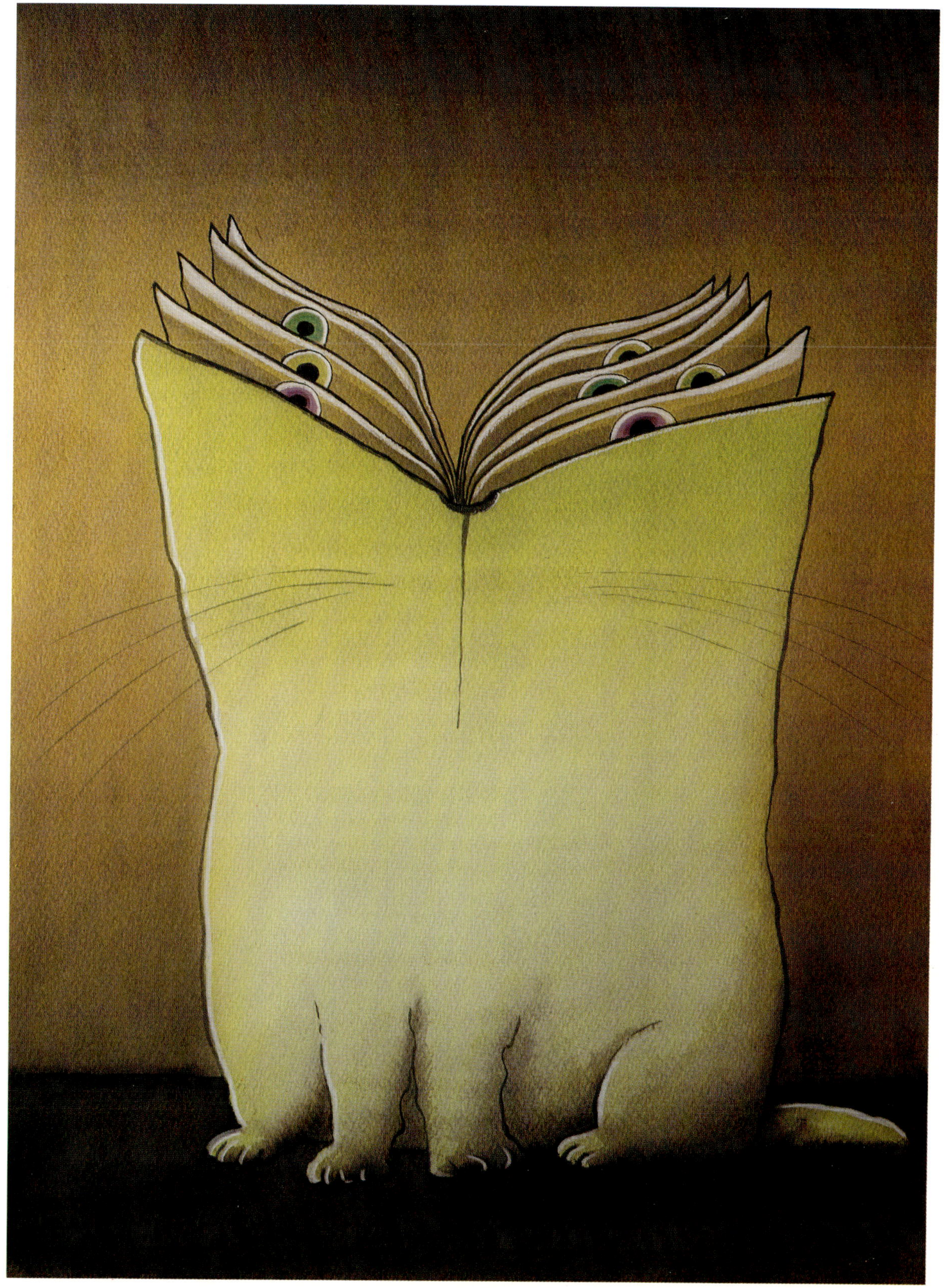

Le poème de Thomas Stearns Eliot, **Comment appeler son Chat**, in **Chats!**, *Fernand Nathan*, 1983, est une adaptation française de Jacques Charpentreau.

René de Obaldia, phrase recueillie in **Chat plume**, *Pierre Horay*, 1985

Alfred Ruffin, **La Potiche**, in **Les Chats**. Poème recueilli in **Bibliothèque illustrée du chat**, *La Courtille*, 1977

Stéphane Mallarmé, in **Bêtes et Gens de lettres**, *Flammarion*, 1986
Extrait recueilli in **Le Chat dans tous ses états**, *Grasset*, 1982

Jules Renard in **Journal**, 30 janvier 1889

Jacques Sternberg, **Les Esclaves**, in **Contes glacés**, André Gérard, *Marabout*, 1974

Louis Nucéra, phrase recueillie in **Chat plume**, *Pierre Horay*, 1985

Robert Desnos in **Chanson de chasse**, *Gallimard*

Marcel Jouhandeau, extrait recueilli in **Bibliothèque illustrée du chat**, *La Courtille*, 1977

Jean-Pierre Claris de Florian, extrait recueilli in **Fables**

Pablo Neruda, **Ode au chat**, in **Le Quatrième Livre des odes.**
Traduction recueillie in **Le Chat**, *Robert Laffont*, 1990

Jules Renard in **Histoires Naturelles**

Siné, phrase recueillie in **Bibliothèque illustrée du chat**, *La Courtille*, 1977

Dorothy Sayers, **War Cat**. Poème et traduction recueillis in **Bibliothèque illustrée du chat**, *La Courtille*, 1977

Proverbe recueilli in **Le Livre des chats**, *Solar*, 1986

Tristan Klingsor, **Chanson du chat**, in **Florilège poétique**. Poème recueilli in **Bibliothèque illustrée du chat**, *La Courtille*, 1977

Muriel Jack, phrase recueillie dans plusieurs ouvrages dont **Chat plume**, *Pierre Horay*, 1985

Fernando Arrabal in **La pierre de la folie**, *Bourgois*, 1970

Thomas Stearñs Eliot, **Comment appeler son Chat**, in **Chats!**, *Fernand Nathan*, 1983

Eugène Guillevic in **Terraqué**, *Gallimard*, 1942

Paul Eluard, **Le Chat**, in **Les animaux et leurs hommes, les hommes et leurs animaux**, *Au Sans Pareil*, 1920 - *Gallimard*, 1937

Le Tasse, phrase recueillie in **Le livre des chats**, *Solar*, 1986

Jacques Sternberg, **Les chats**, in **Contes glacés**, André Gérard, *Marabout*, 1974

Jules Renard in **Histoires naturelles**

Jacques Prévert. **Le Chat et l'Oiseau**, in **Histoires**, *Gallimard*, 1963

Eugène Guillevic in **Mammifères**, *Arfuyen*, 1981

Eugène Guillevic in **Mammifères**, *Arfuyen*, 1981

Maurice Carême, **Le Chat et le Soleil**, in **L'Arlequin**, *Fernand Nathan*. © Fondation Maurice Carême

Colette, **Ernesse**, in **Œuvres Complètes**, *Le Fleuron*, **Chats**, *Albin Michel*, 1950

Eugène Guillevic in **Mammifères**, *Arfuyen*, 1981

Eugène Guillevic in **Mammifères**, *Arfuyen*, 1981

Hippolyte Taine, phrase recueillie dans plusieurs ouvrages, dont **Cartes postales de chats**, *Pierre Horay*, 1984

Georg Christoph Lichtenberg in **Aphorismes**, *Denoël*, 1985

Witold Gombrowicz, phrase recueillie dans plusieurs ouvrages dont **Chat plume**, *Pierre Horay*, 1985

Un livre nous a particulièrement aidés dans le choix des textes: ***Bibliothèque illustrée du chat*** *de Juliette Raabe.*

Nous remercions les Auteurs et Éditeurs qui nous ont autorisés à reproduire textes et fragments de textes dont ils gardent l'entier copyright (texte original ou traduction). Nous avons par ailleurs, en vain, recherché les héritiers ou éditeurs de certains auteurs dont les œuvres ne sont pas tombées dans le domaine public. Nous les invitons à se faire connaître.